I0489467

i AM A GENIUS

1-

2-

3-

4-

5-

*USE DIFFERENT COLORS

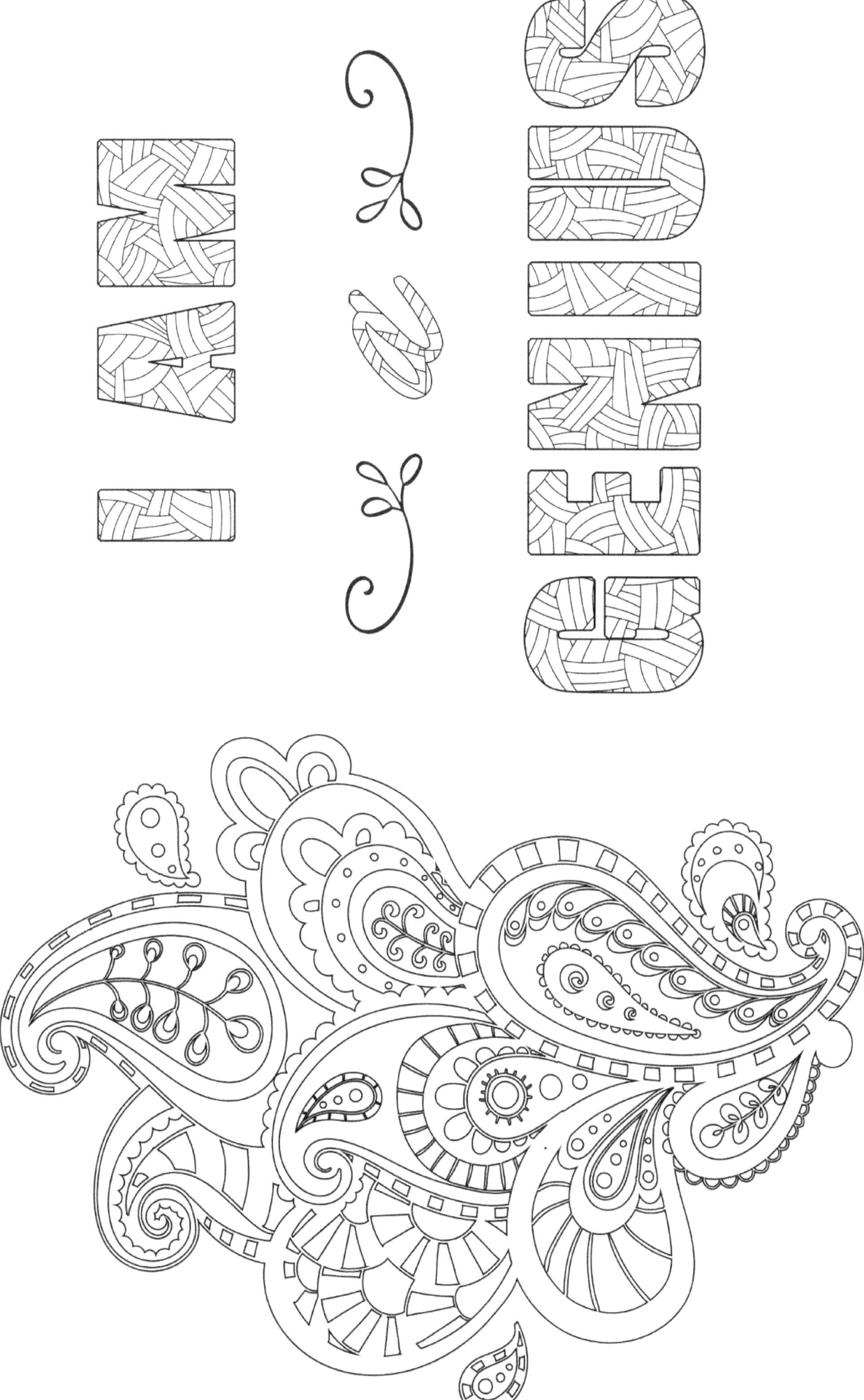

MY MIND IS IDEAS' GENERATOR

1-

2-

3-

4-

5-

*USE DIFFERENT COLORS

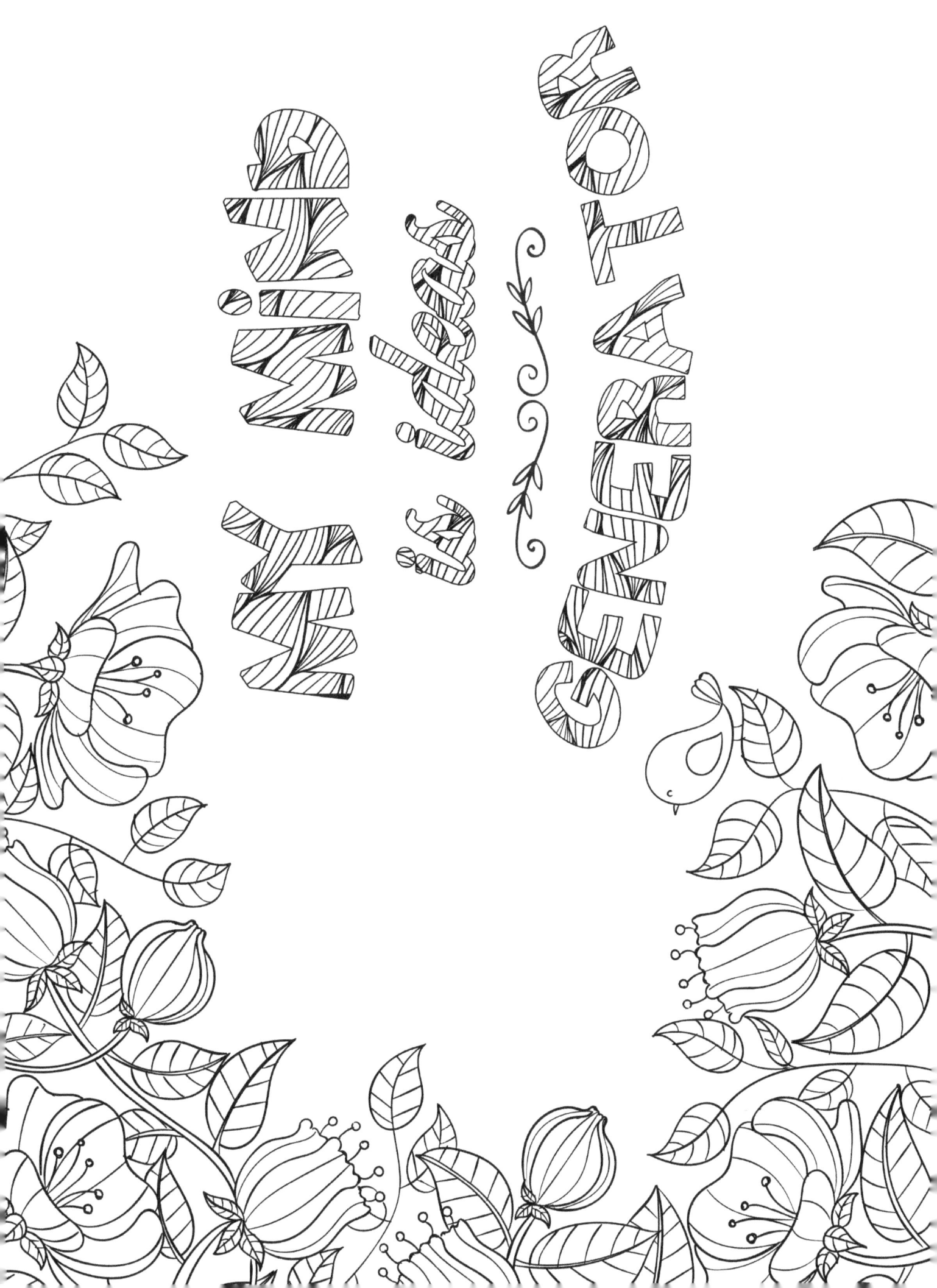

My MiND iS idea to diVENtior GENEROSiTY

GENIUS is MY iNNER FRIENd

1-

2-

3-

4-

5-

*USE DIFFERENT COLORS

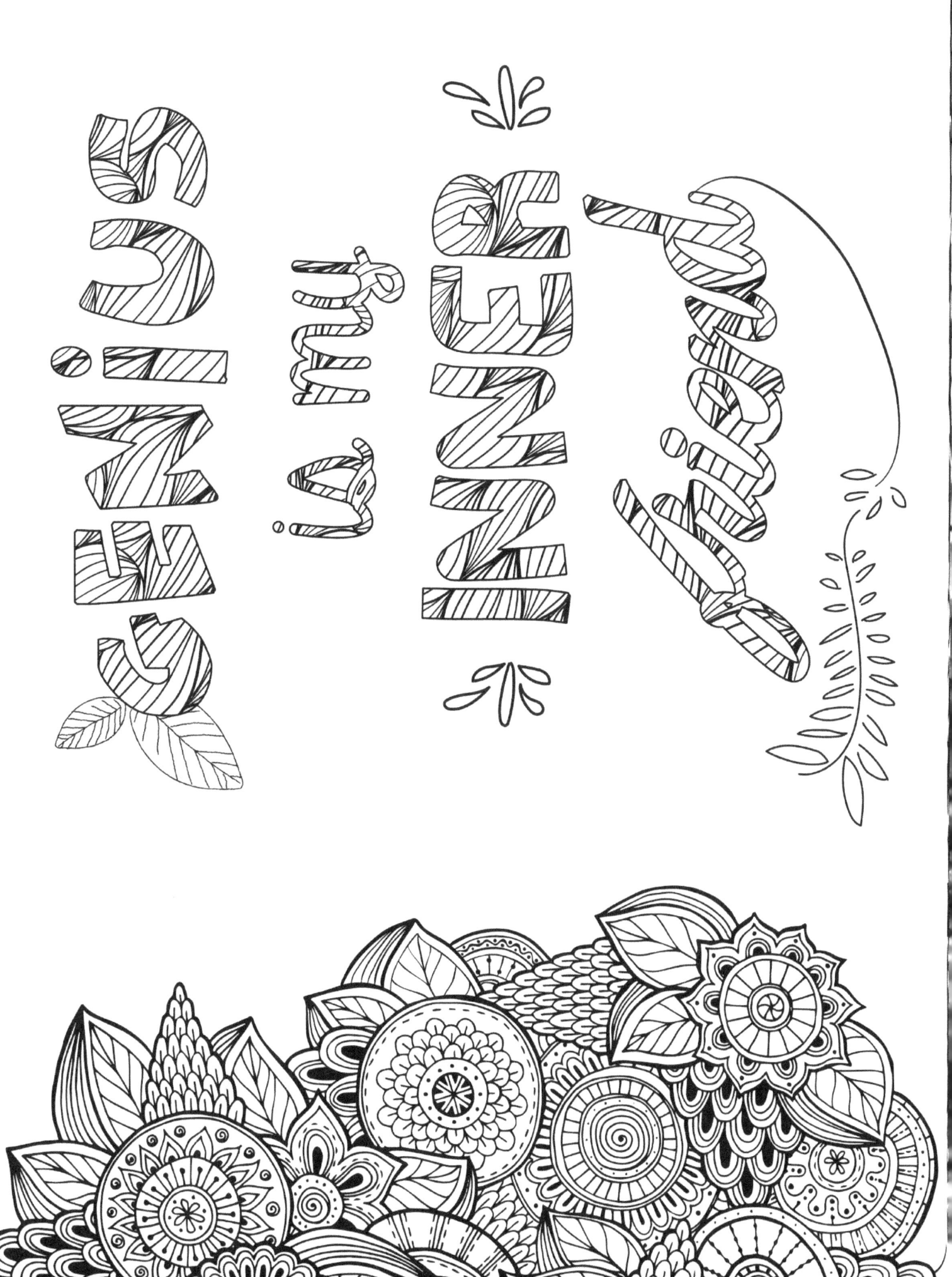

i THINK QUICKLY

1-

2-

3-

4-

5-

*USE DIFFERENT COLORS

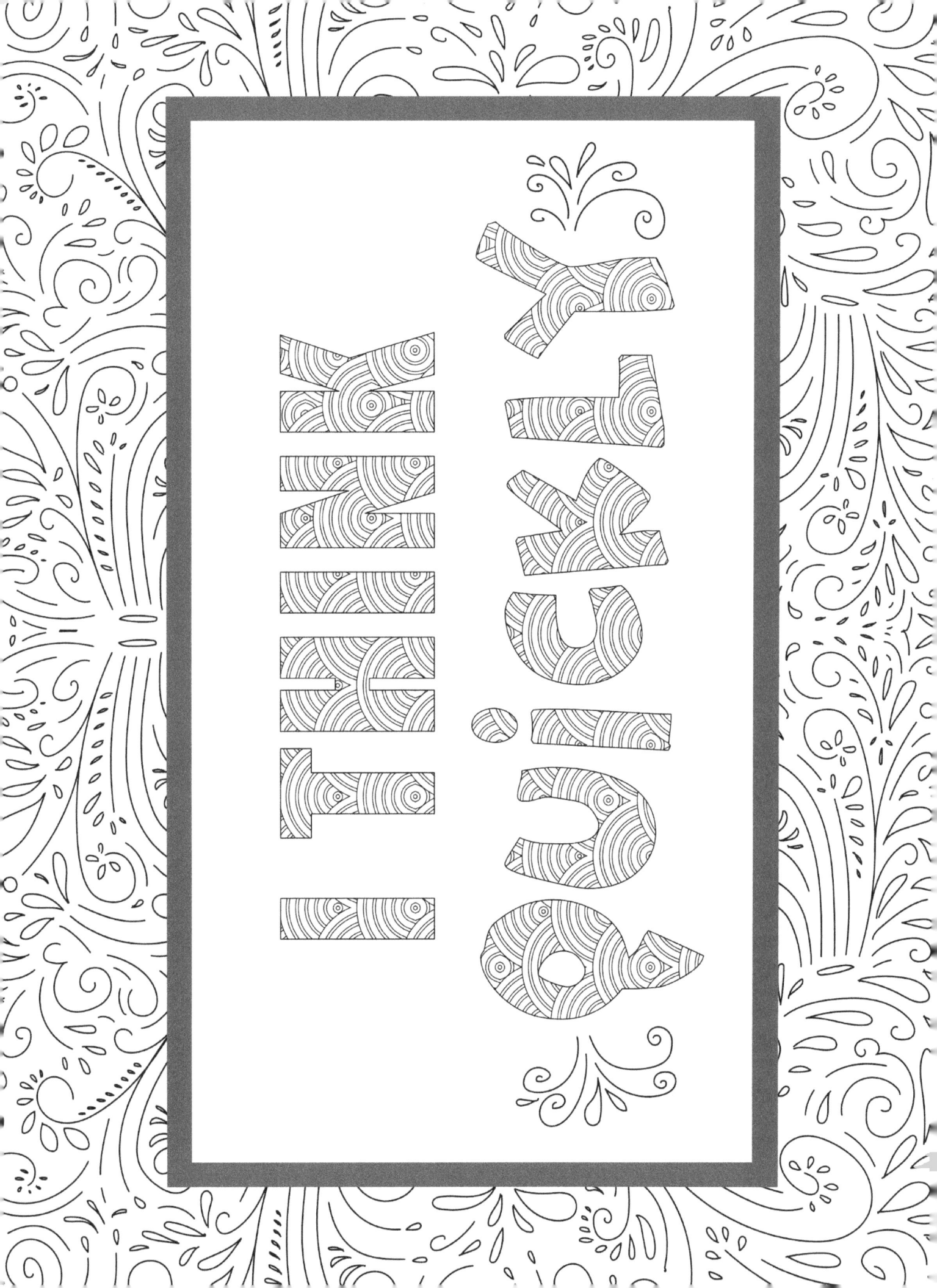

¡ VISUALIZE iDEAS

1-

2-

3-

4-

5-

*USE DIFFERENT COLORS

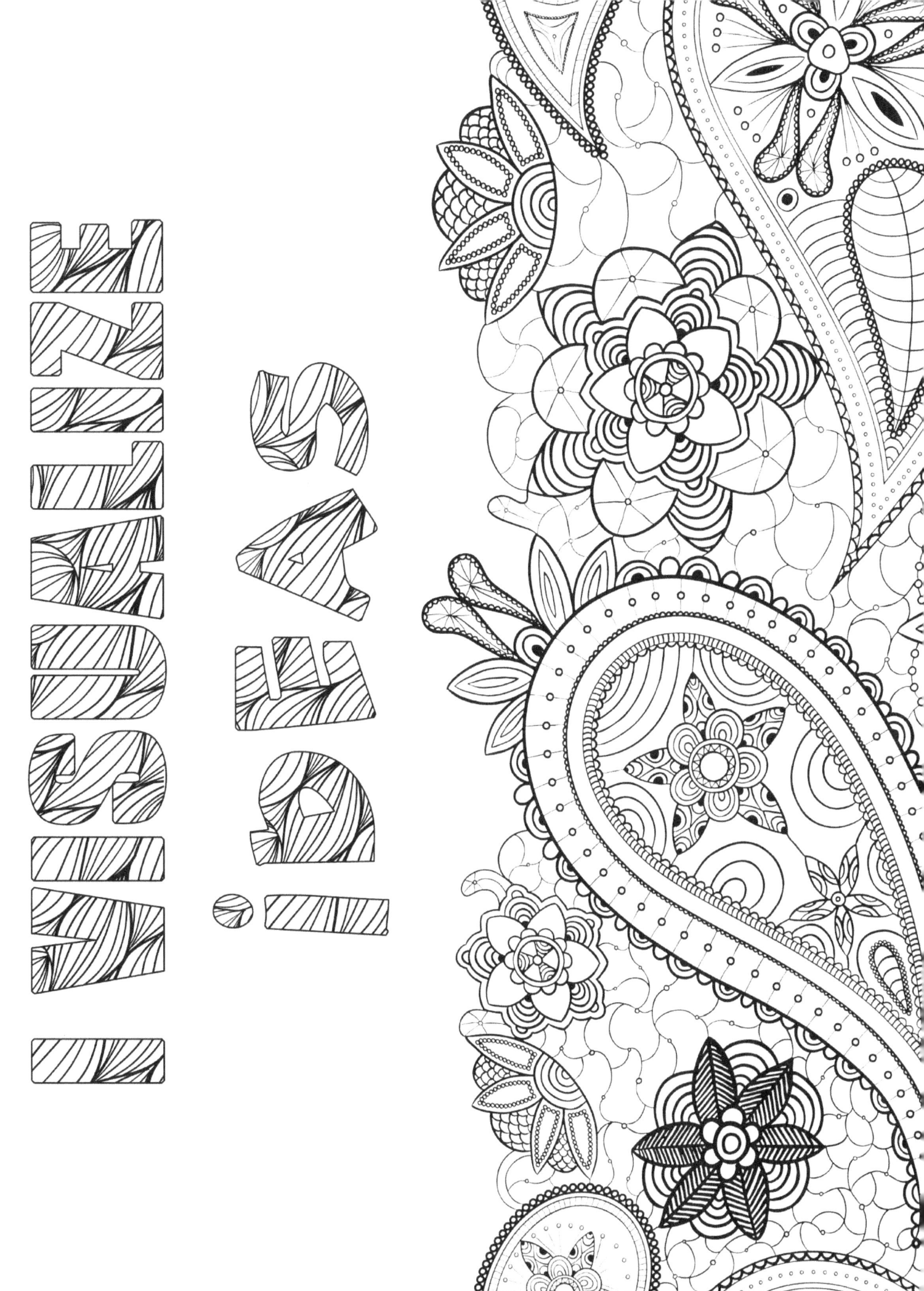

VISUALIZE YOUR IDEAS

i SOLVE PROBLEMS QUICKLY

1-

2-

3-

4-

5-

*USE DIFFERENT COLORS

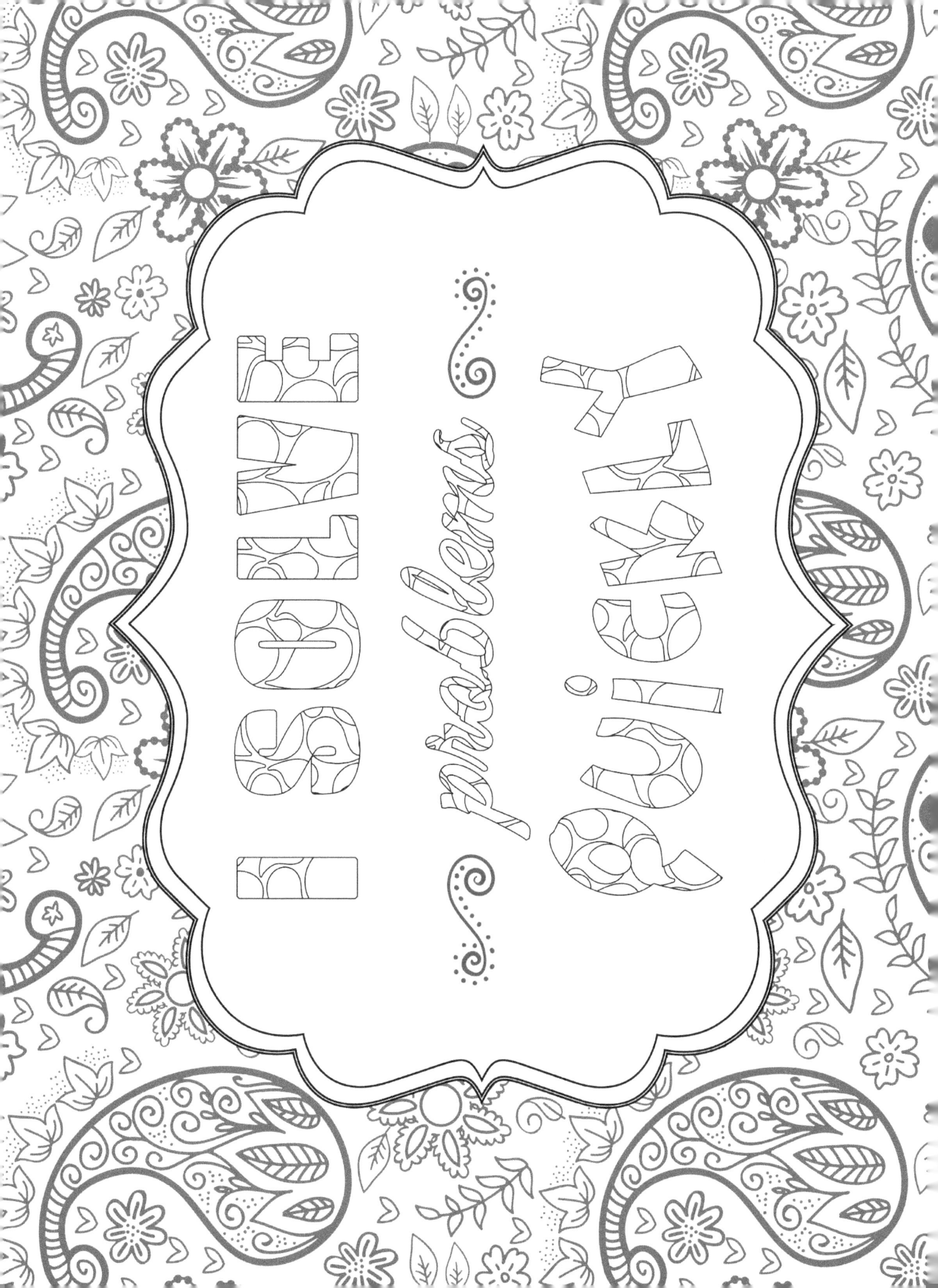

¡ HAVE THE ANSWERS

1-

2-

3-

4-

5-

*USE DIFFERENT COLORS

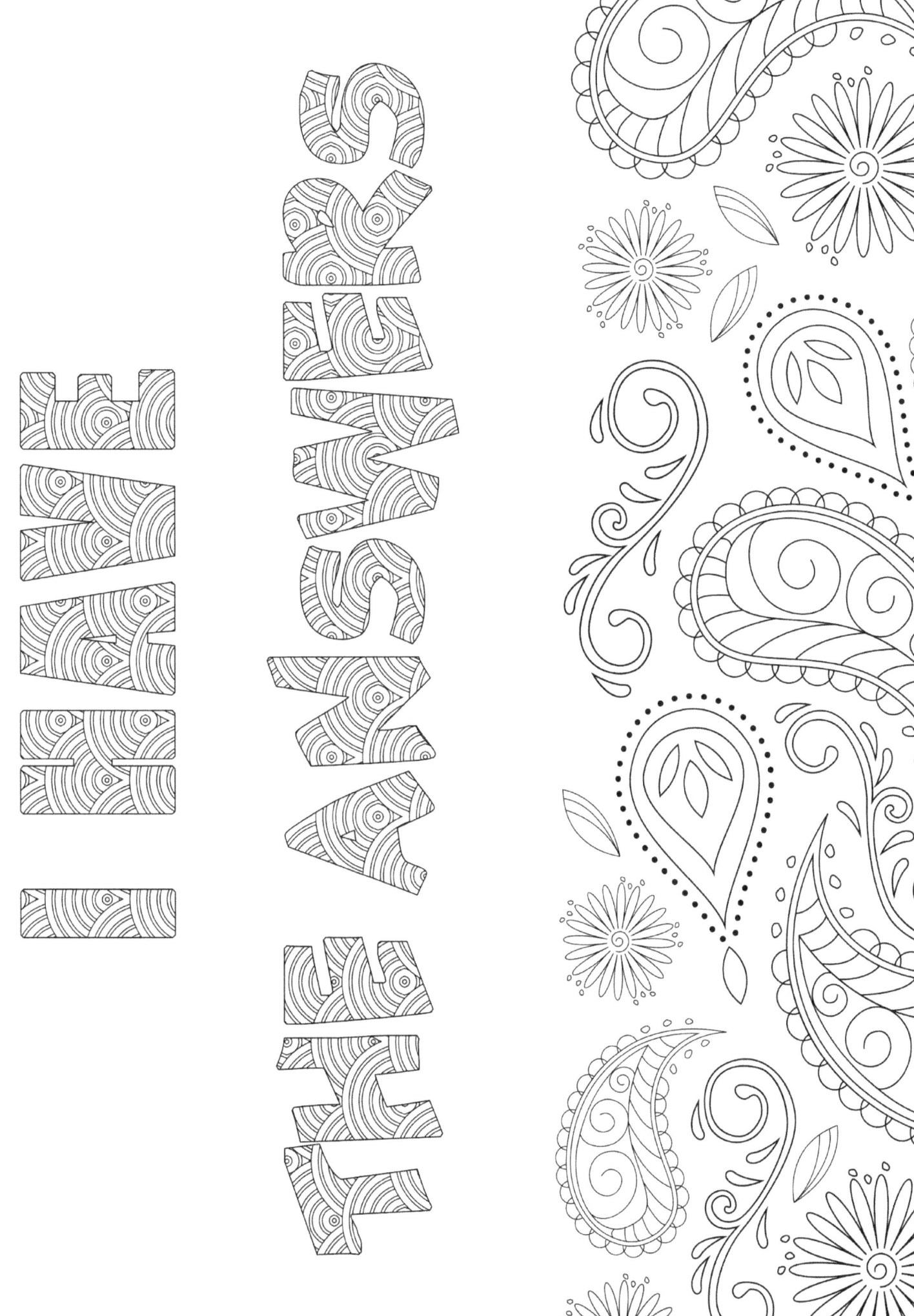

I HAVE THE ANSWERS

¡ FEEL CREATIVE

1-

2-

3-

4-

5-

*USE DIFFERENT COLORS

i AM A CREATIVE PERSON

1-

2-

3-

4-

5-

*USE DIFFERENT COLORS

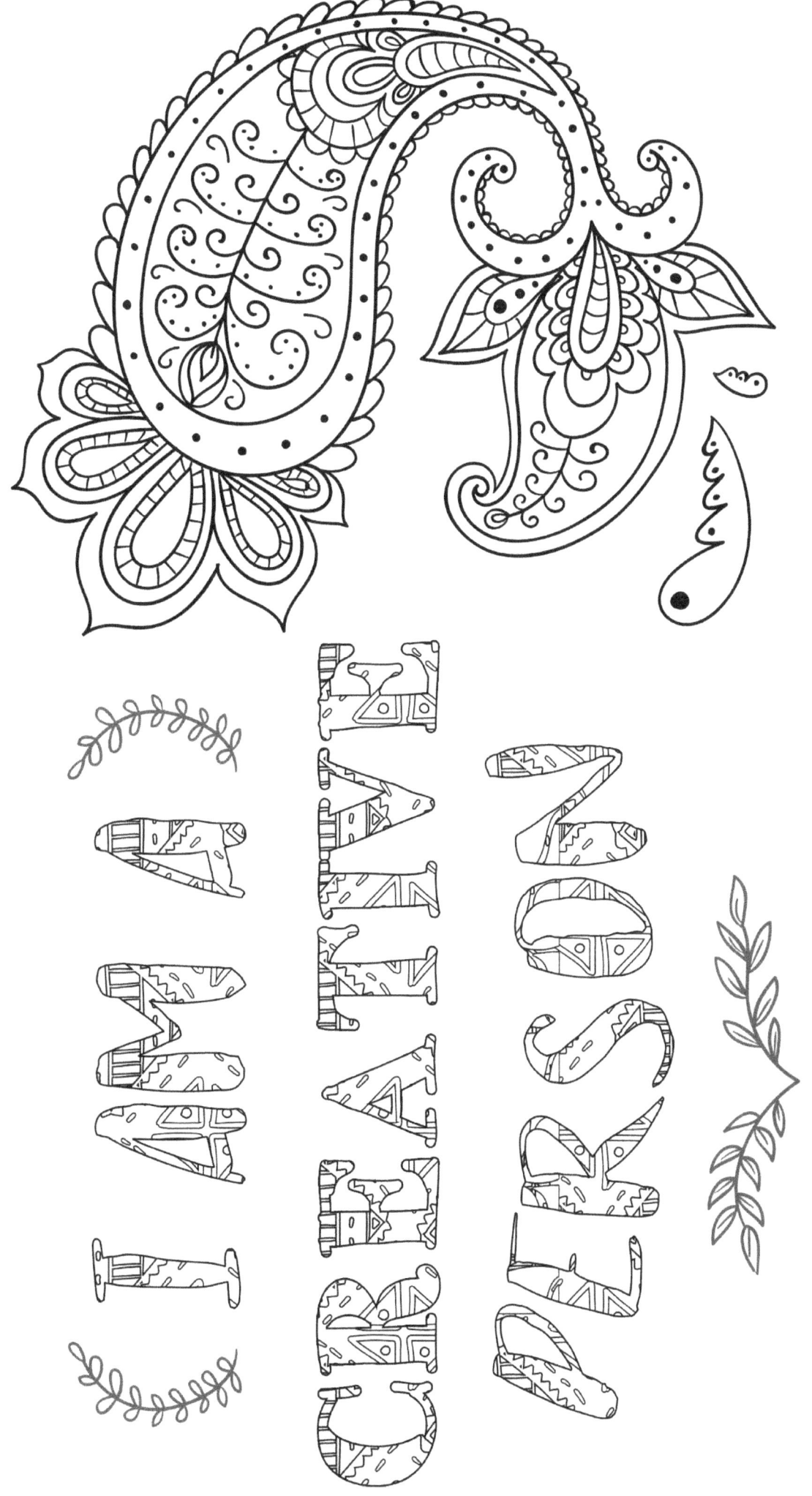

i SEE THE BiG PiCTURE

1-

2-

3-

4-

5-

*USE DIFFERENT COLORS

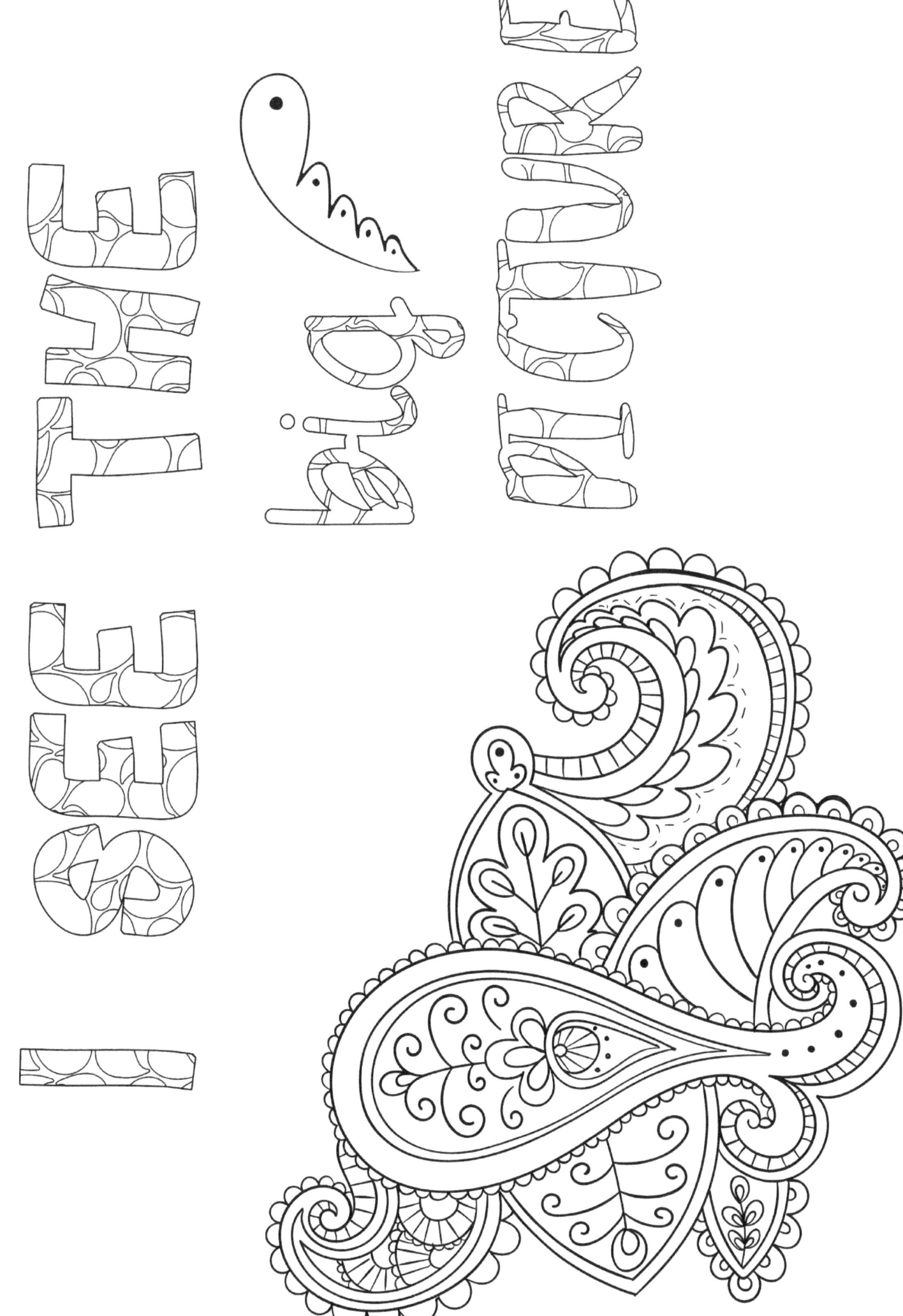

SEE THE BIG PICTURE

i LOVE CREATIVITY

1-

2-

3-

4-

5-

*USE DIFFERENT COLORS

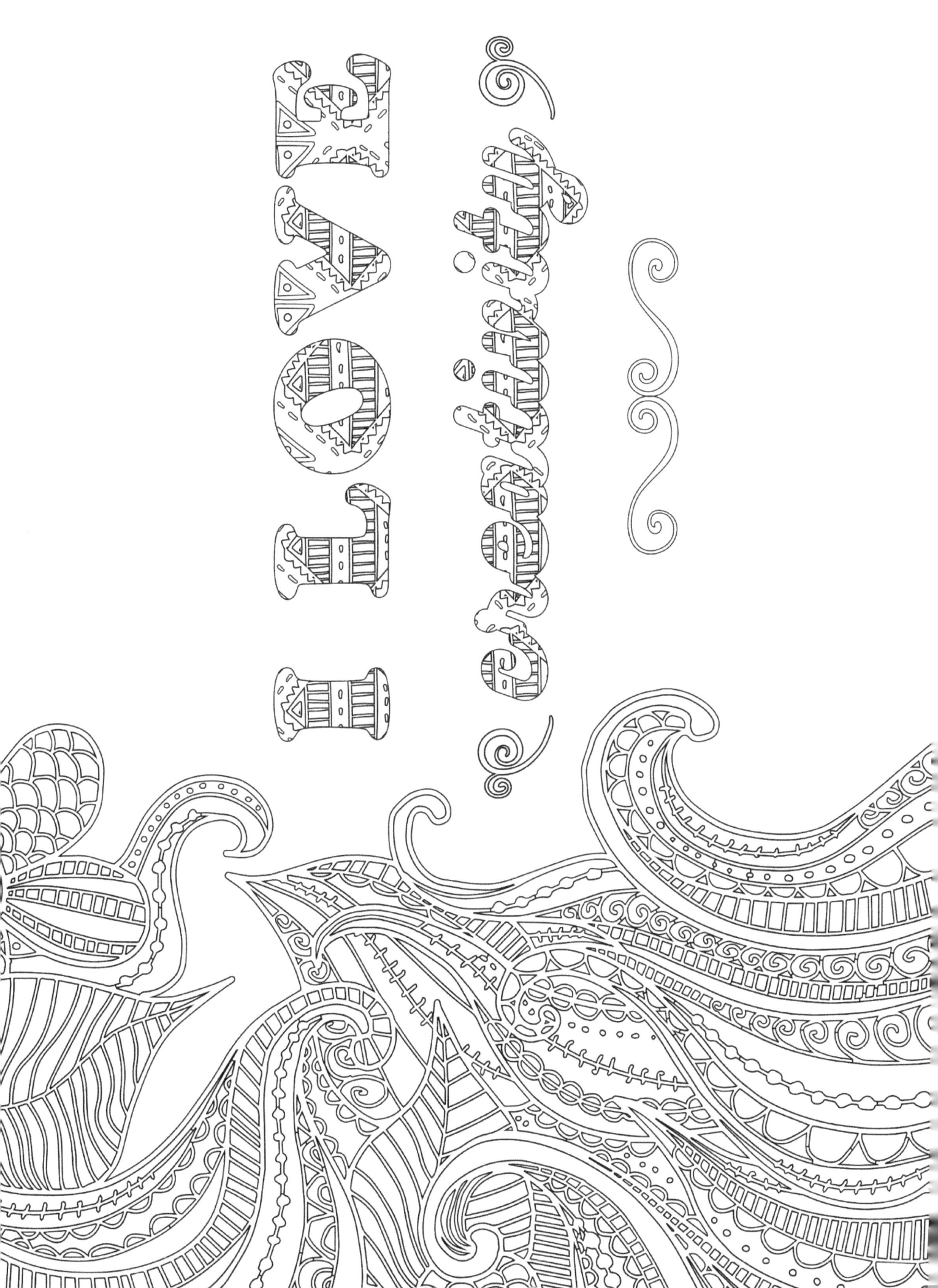

I LOVE I FriiiEEendss

i AM AN iDEAS PICKER

1-

2-

3-

4-

5-

*USE DIFFERENT COLORS

I AM AN IDEAS picker

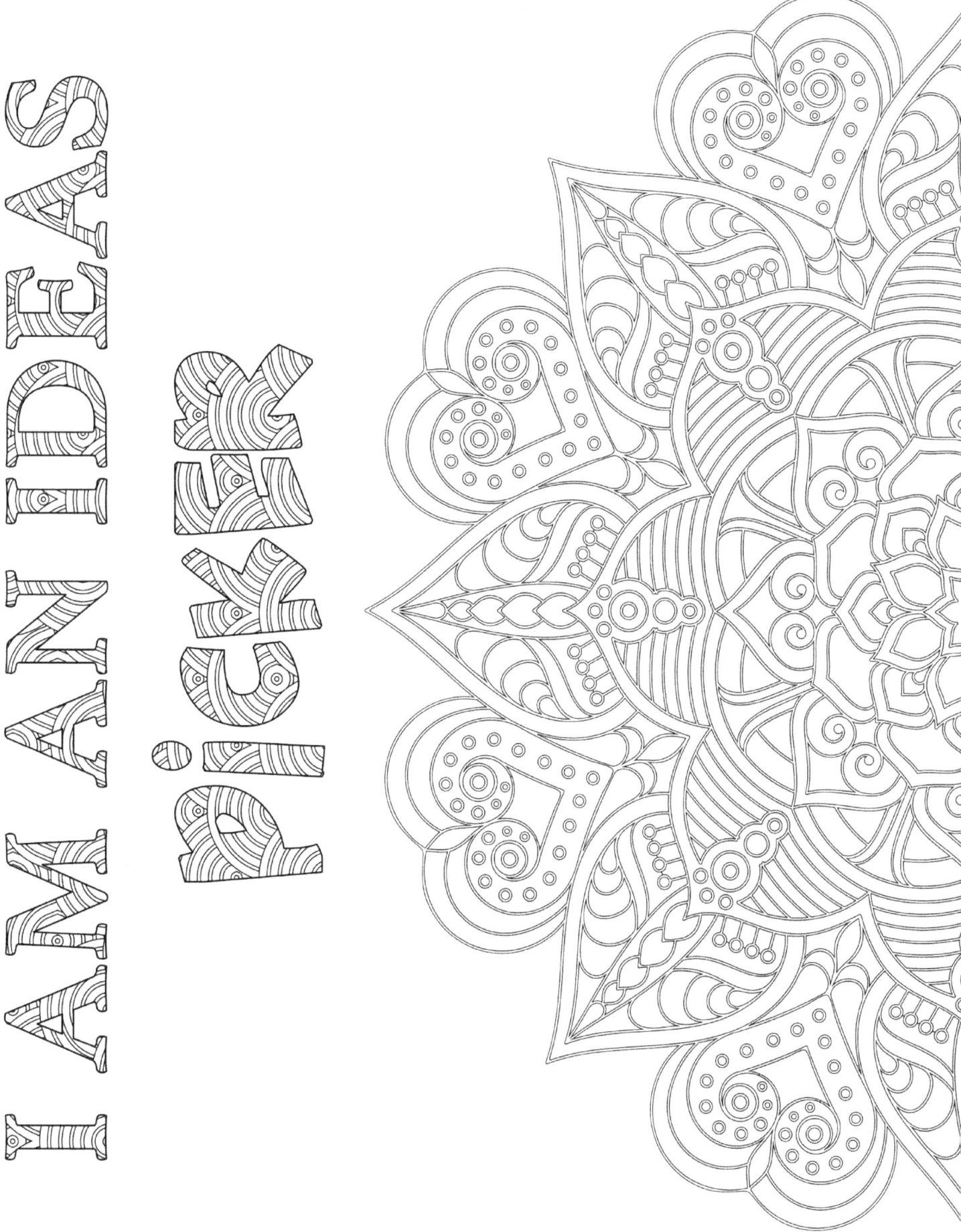

i AM uNiQuE iN THiNKiNG

1-

2-

3-

4-

5-

*USE DIFFERENT COLORS

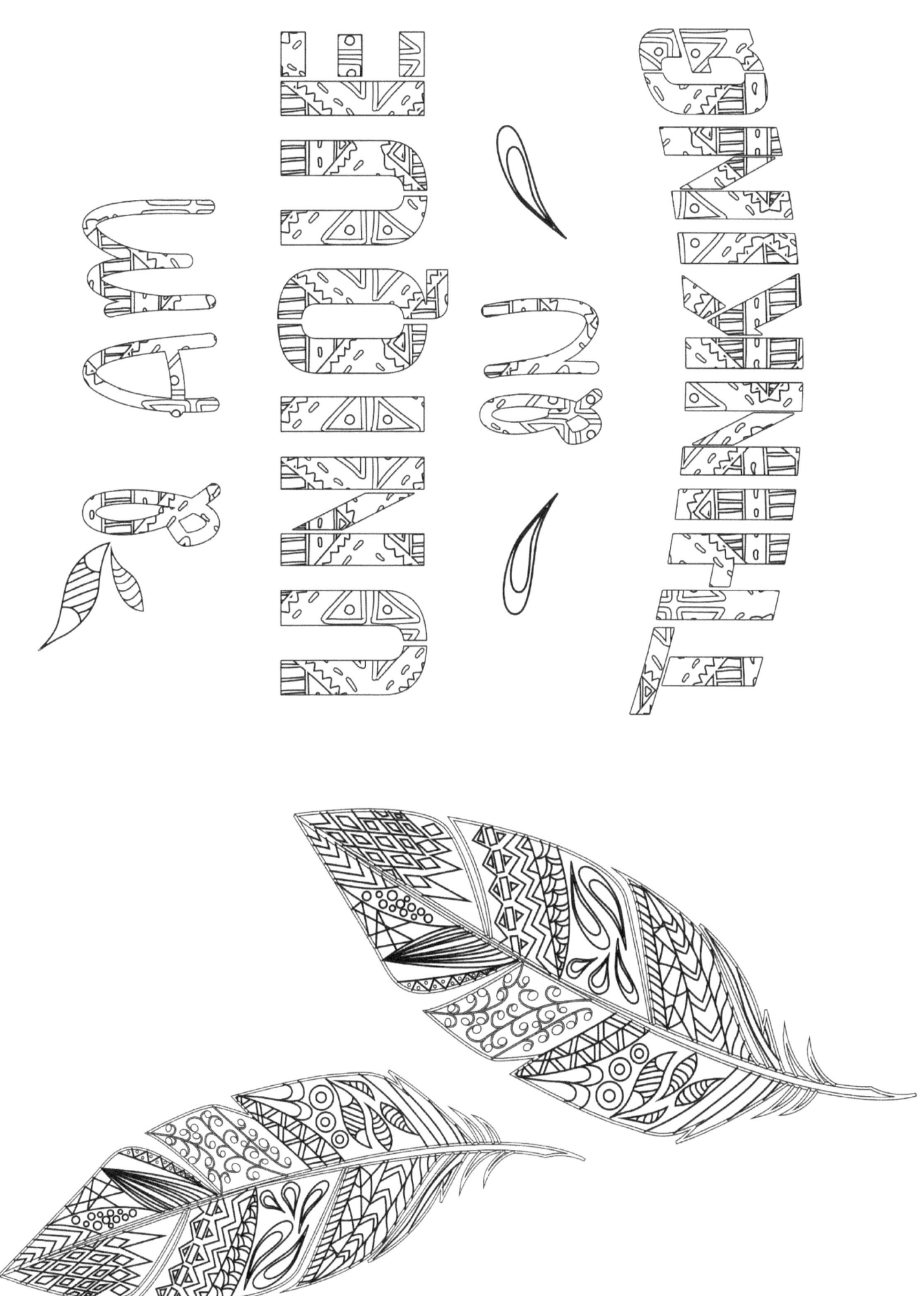

i TURNS PRoBLEMS iNTo iDEAS

1-

2-

3-

4-

5-

*USE DIFFERENT COLORS

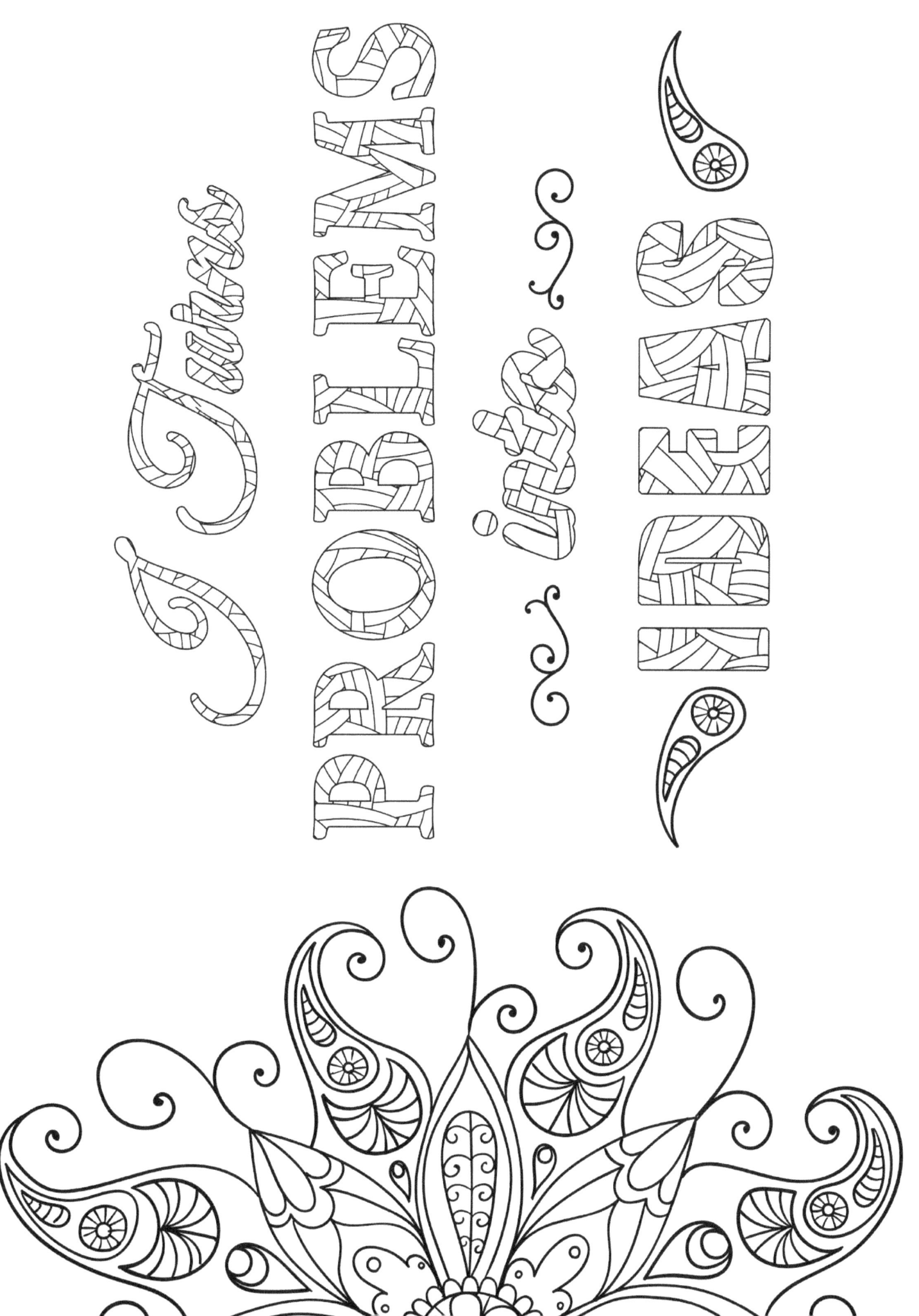

I thinks Future PROBLEMS with SOLUTIONS SEEDS

i LiKE To SEE DiFFERENT

1-

2-

3-

4-

5-

*USE DIFFERENT COLORS

I AM LEARNING TO SEE THINGS DIFFERENTLY

CREATIVITY is MY LIFE

1-

2-

3-

4-

5-

*USE DIFFERENT COLORS

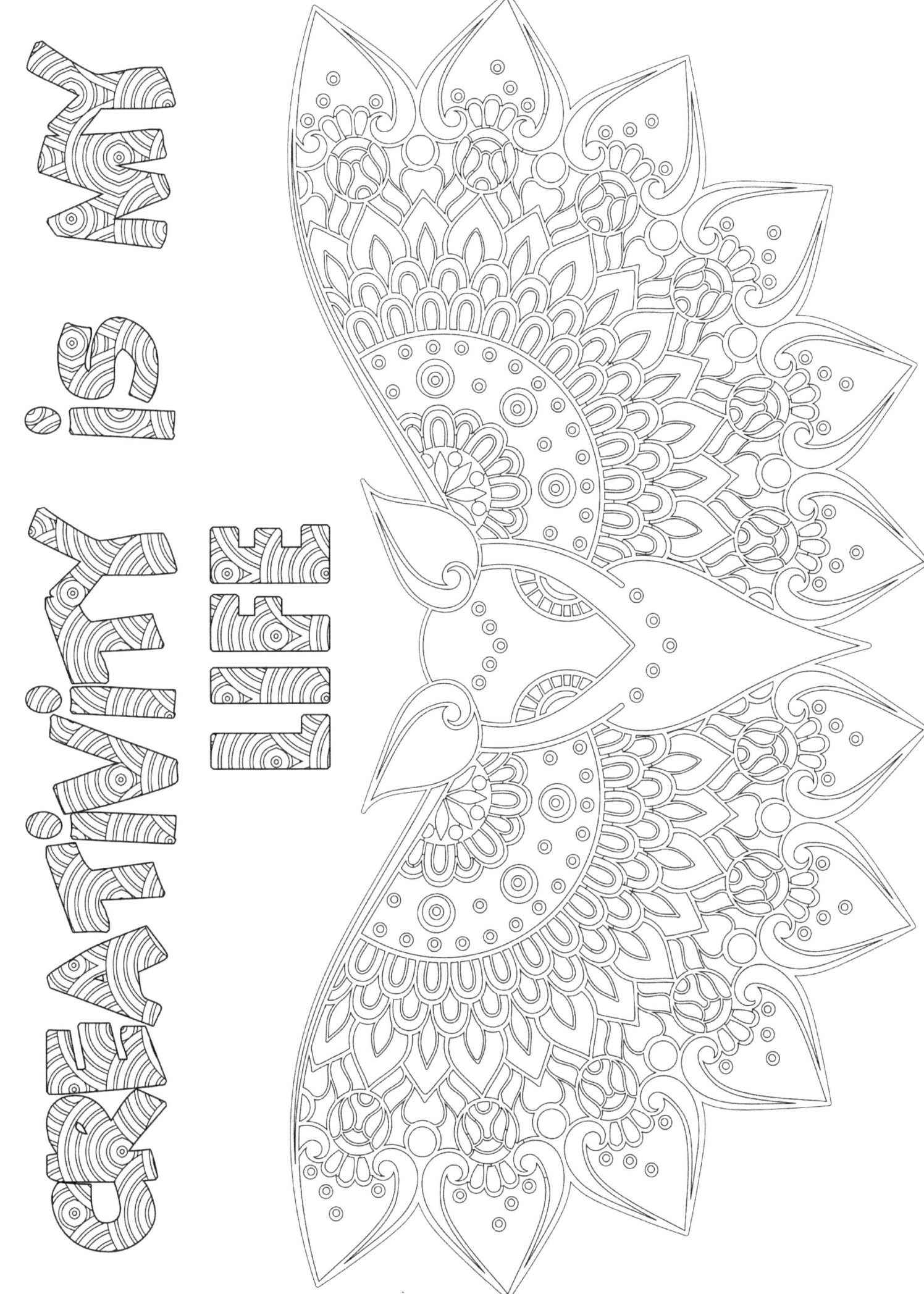

CREATIVITY IS LIFE

i ALWAYS HAVE GOOD iDEAS

1-

2-

3-

4-

5-

*USE DIFFERENT COLORS

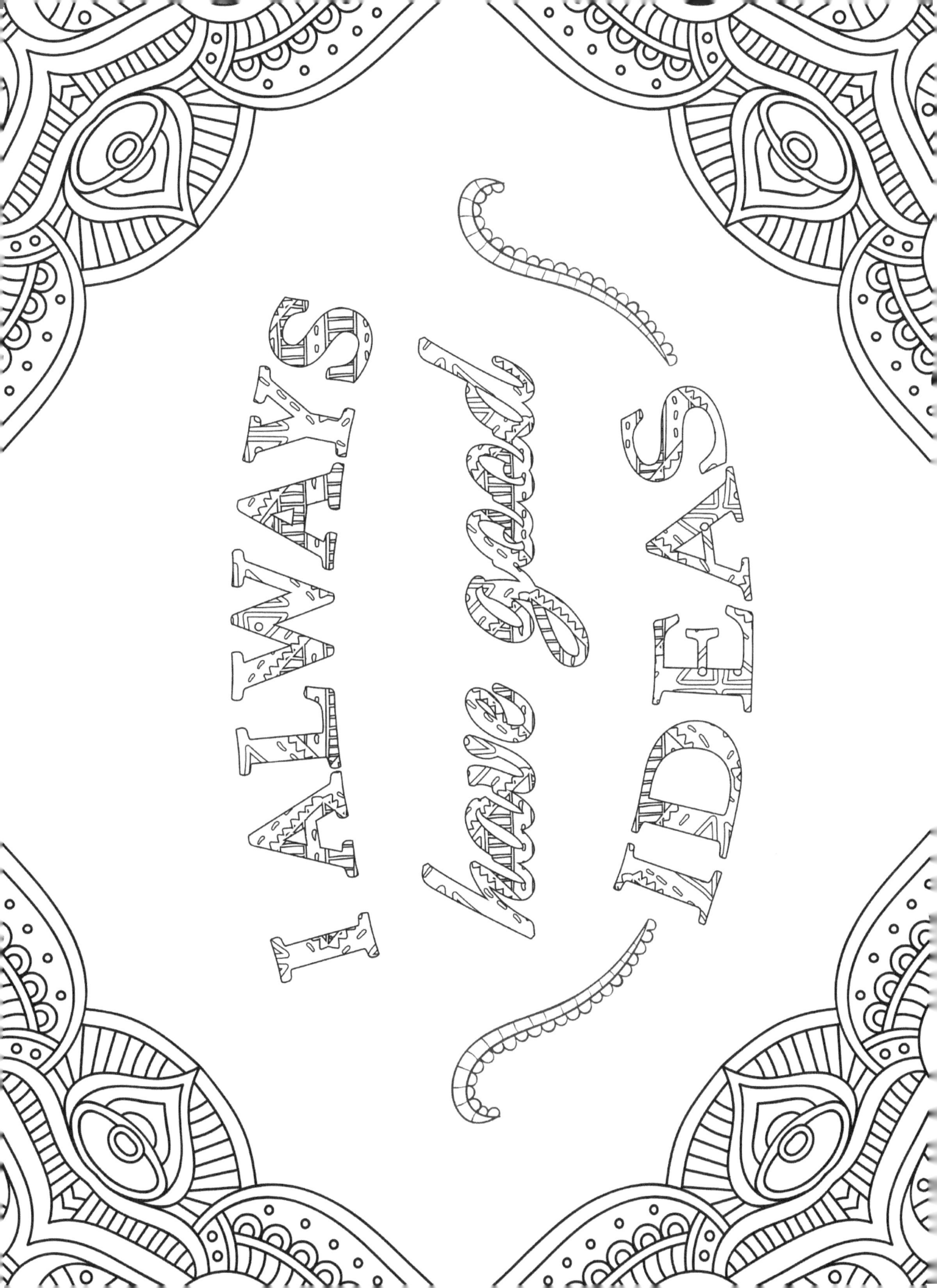

MY MIND is CREATIVE

1-

2-

3-

4-

5-

*USE DIFFERENT COLORS

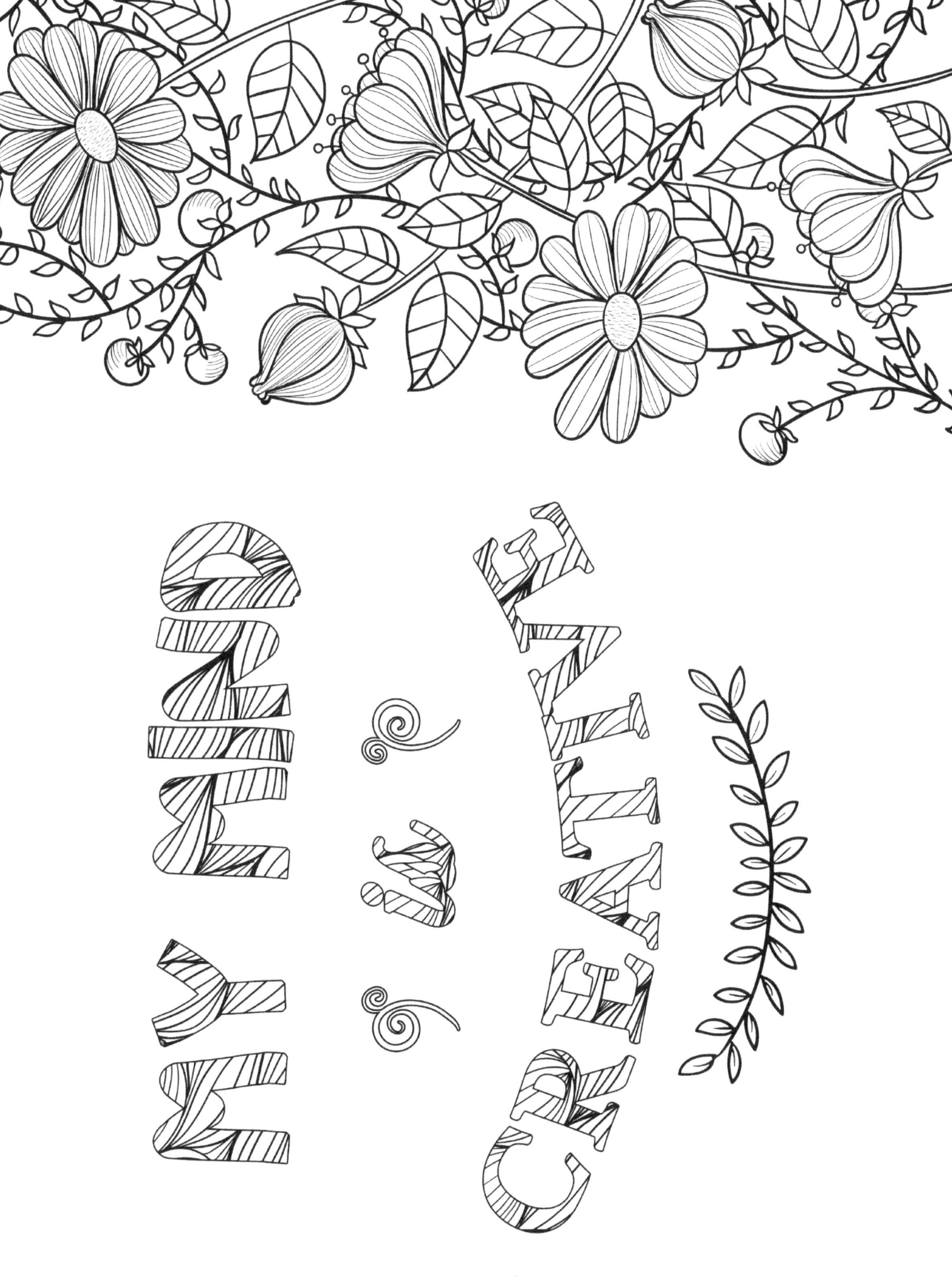

MY MIND IS A CREATIVE

i AM A DREAMER

1-

2-

3-

4-

5-

*USE DIFFERENT COLORS

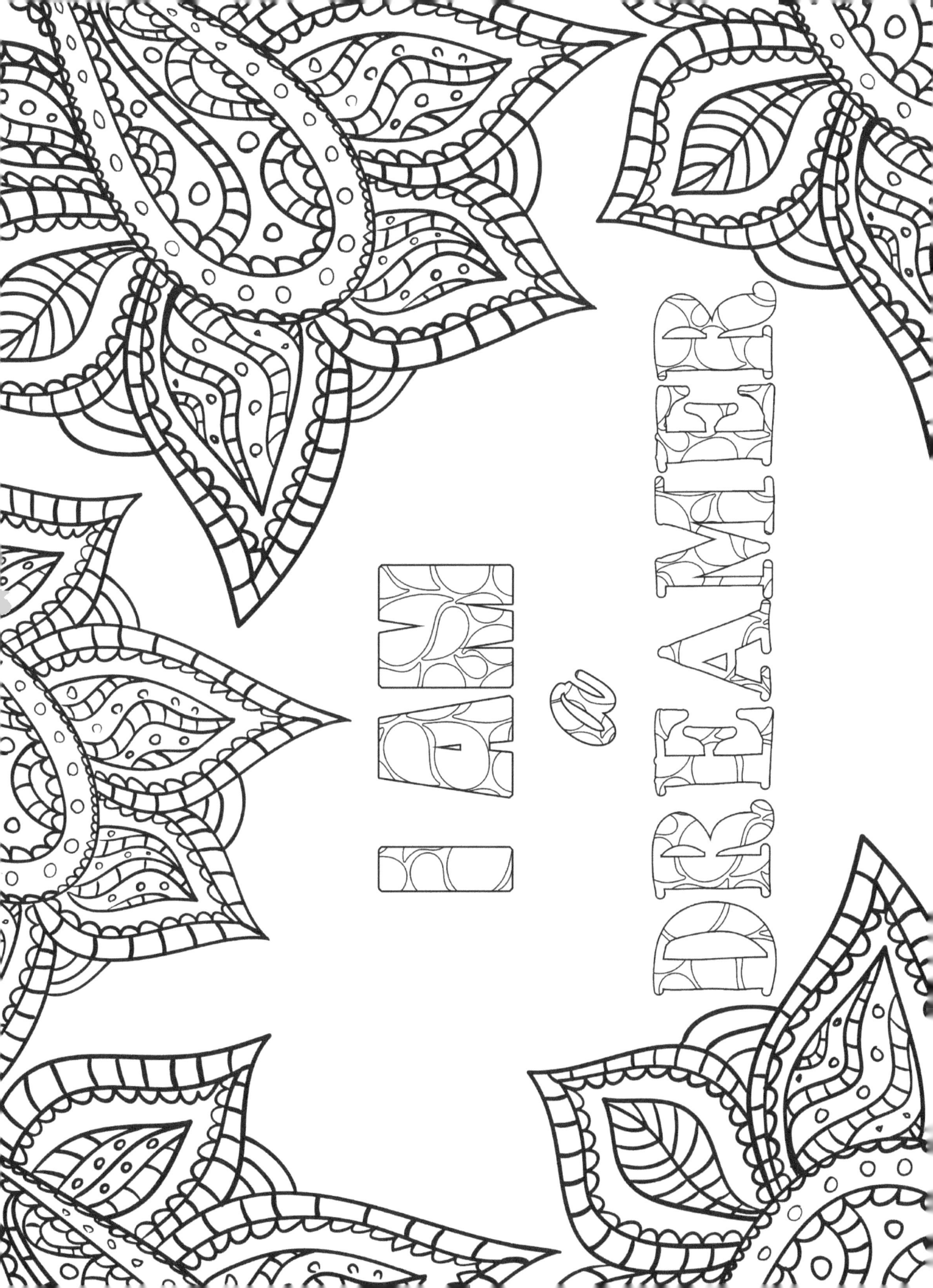

I AM A DREAMER

¡ AM SMART

1-

2-

3-

4-

5-

*USE DIFFERENT COLORS

i AM WiSE

1-

2-

3-

4-

5-

*USE DIFFERENT COLORS

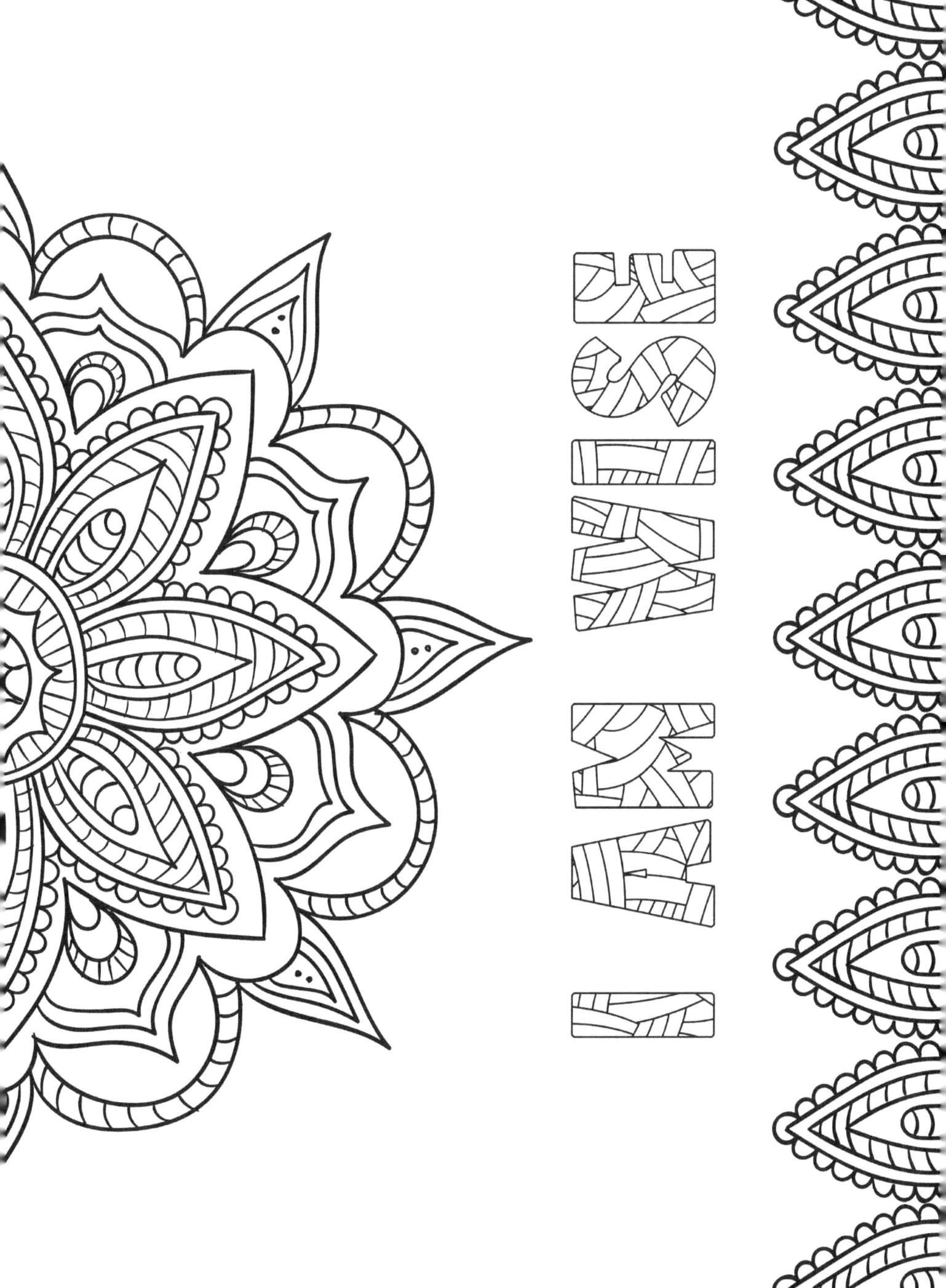

I AM WISE

i LOVE THiNKiNG

1-

2-

3-

4-

5-

*USE DIFFERENT COLORS

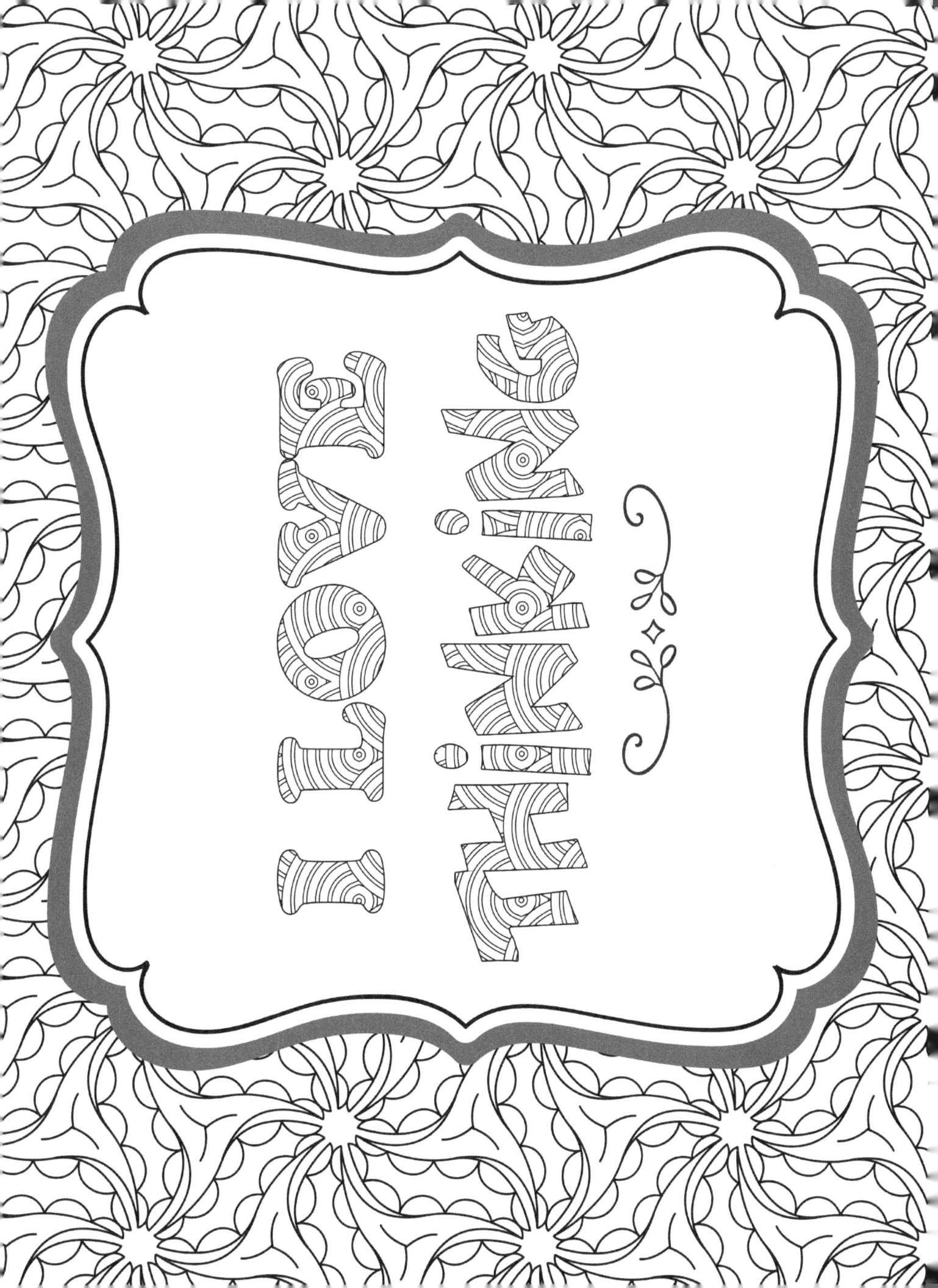

¡ BREATH CREATIVITY

1-

2-

3-

4-

5-

*USE DIFFERENT COLORS

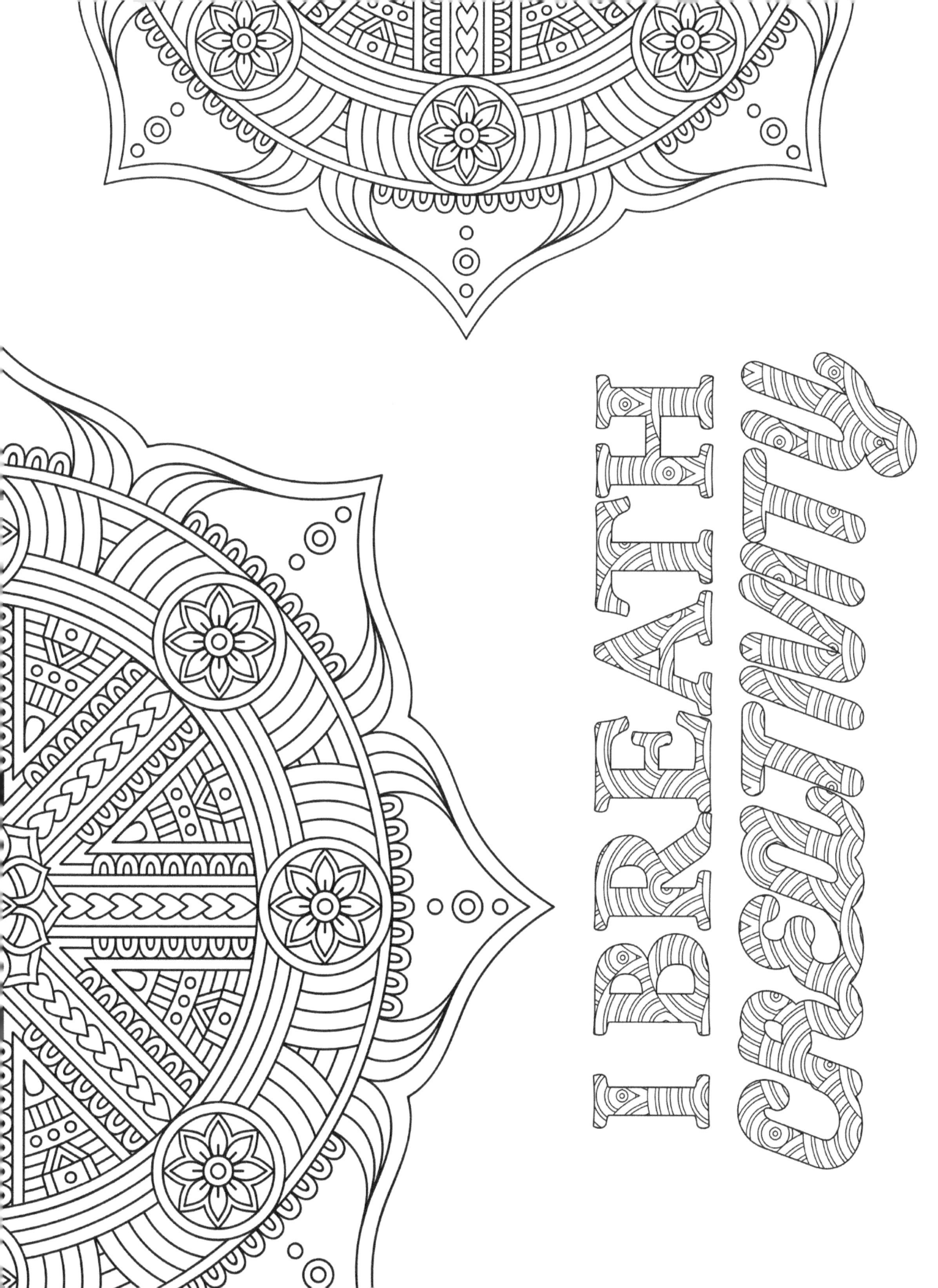

www.ingramcontent.com/pod-product-compliance
Lightning Source LLC
Chambersburg PA
CBHW081133180526
45170CB00008B/3089